AF284411

Impressum
Verlag: BABADADA GmbH, Nedderfeld 112 , 22529 Hamburg
Geschäftsführer / Verlagsleitung: Harald Hof
Druck: Books on Demand GmbH, In de Tarpen 42, 22848 Norderstedt

Imprint
Publisher: BABADADA GmbH, Nedderfeld 112 , 22529 Hamburg, Germany
Managing Director / Publishing direction: Harald Hof
Print: Books on Demand GmbH, In de Tarpen 42, 22848 Norderstedt, Germany

chu
dijeliti

186/2

hei ban
ploča

jiao shi
učionica

lao shi
učitelj

zhi
papir

shu xie
pisati

gang bi
kemijska olovka

ban gong zhuo
pisaći stol

zhi chi
ravnalo

shu
knjiga

xue sheng
učenik

shu bao

torba

qian bi he

pernica

qian bi

grafitna olovka

juan bi dao

šiljilo za olovke

xiang pi ca

gumica za brisanje

hua ban

blok za crtanje

tu hua

crtež

hua bi

kist

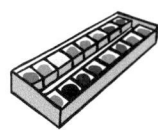

yan liao he

kutija s bojama

jian dao

makaze

jiao shui

ljepilo

lian xi ce

bilježnica

jia ting zuo ye

domaći zadatak

shu zi

broj

jia

sabirati

jian

oduzimati

cheng

množiti

ji suan

računati

zi mu

slovo

ABCDEFG
HIJKLMN
OPQRSTU
VWXYZ

zi mu biao

abeceda

hello

zi

riječ

ke wen

tekst

du

čitati

fen bi

kreda

shang ke

sat

deng ji

dnevnik

kao shi

ispit

zheng shu

svjedodžba

xiao fu

školska uniforma

jiao yu

obrazovanje

bai ke quan shu

leksikon

da xue

sveučilište

xian wei jing

mikroskop

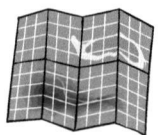

di tu

karta

fei zhi kuang

košara za papir

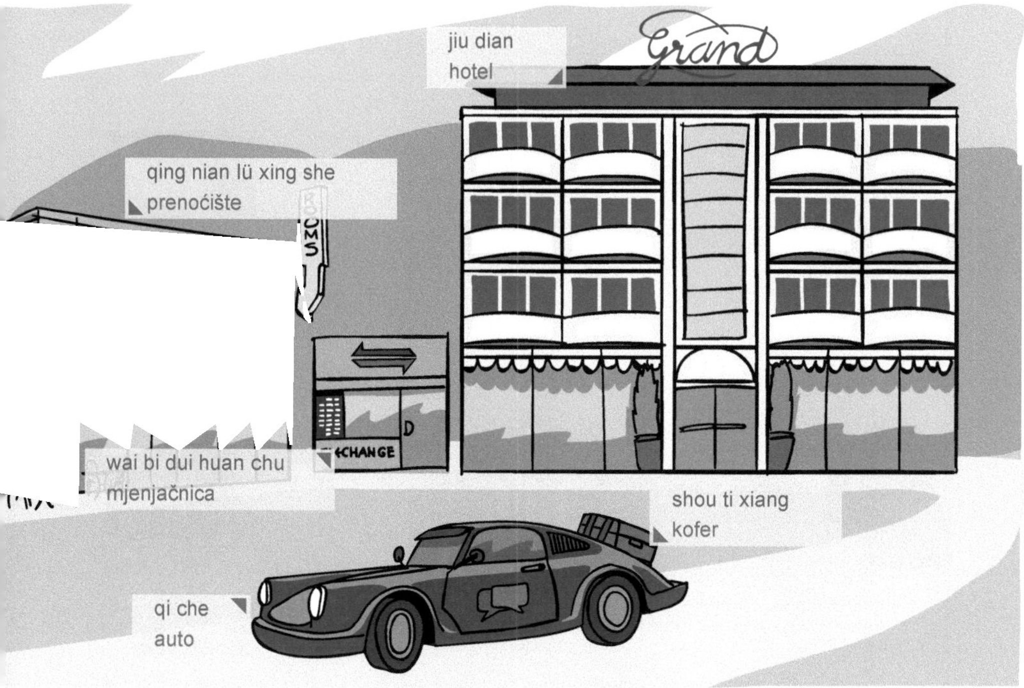

Grand
jiu dian
hotel
qing nian lü xing she
prenoćište
wai bi dui huan chu
mjenjačnica
shou ti xiang
kofer
qi che
auto

yu yan
jezik

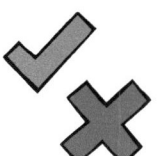

shi/fou
da / ne

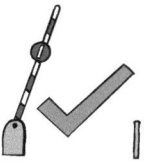

hao de
okay

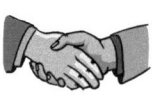

nin hao
zdravo

fan yi yuan
prevoditelj

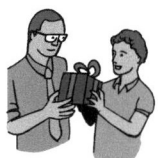

xie xie
hvala

......duo shao qian?

Koliko košta...?

wo bu ming bai

ne razumijem

wen ti

problem

wan shang hao!

dobro veče!

zao shang hao!

Dobro jutro!

wan an!

Laku noć!

zai jian

doviđenja

fang xiang

smjer

xing li

prtljaga

bao

torba

shuang jian bao

ruksak

ke ren

gost

fang jian

soba

shui dai

vreća za spavanje

zhang peng

šator

lü xing - putovanje

lü you xin xi

turističke informacije

hai tan

plaža

xin yong ka

kreditna kartica

zao can

doručak

wu can

ručak

wan can

večera

piao

karta za vožnju

dian ti

dizalo

you piao

poštanska markica

bian jie

granica

hai guan

carina

da shi guan

ambasada

qian zheng

viza

hu zhao

putovnica

transport

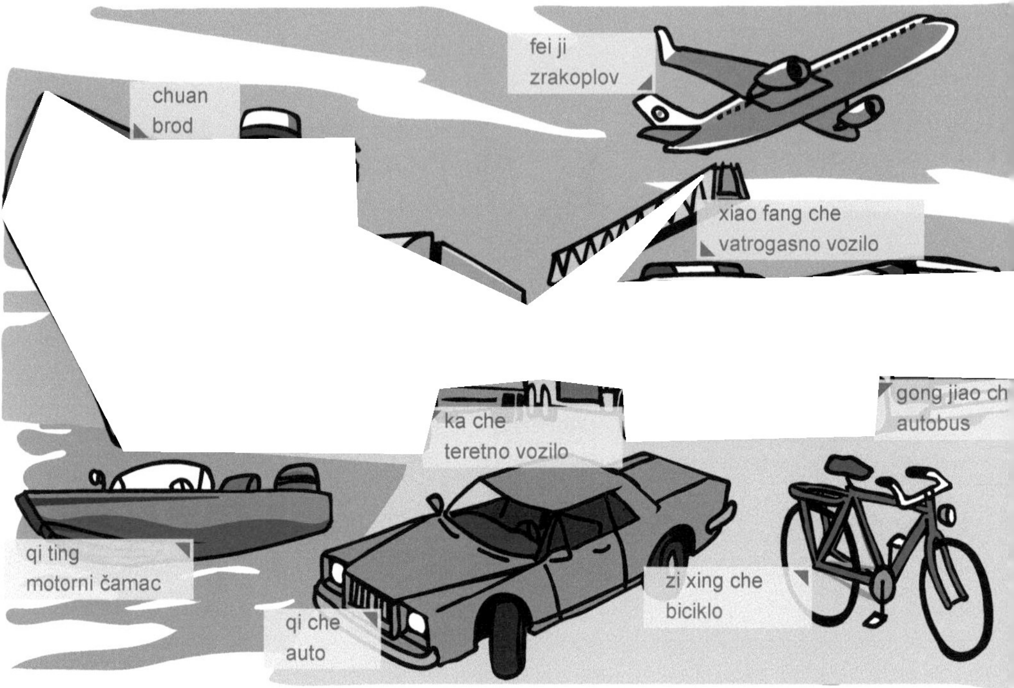

fei ji
zrakoplov
chuan
brod
xiao fang che
vatrogasno vozilo
gong jiao ch
autobus
ka che
teretno vozilo
qi ting
motorni čamac
qi che
auto
zi xing che
biciklo

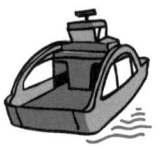

bai du chuan

trajekt

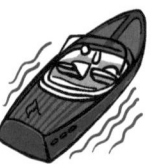

xiao chuan

čamac

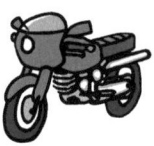

mo tuo che

motocikl

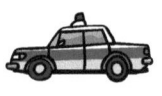

jing che

policijski auto

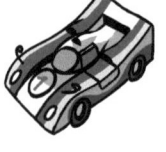

sai che

trkaći auto

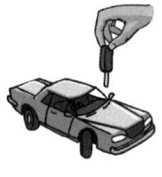

zu che

iznajmljeno auto

pin che

dijeljenje automobila

tuo che

vučno vozilo

la ji che

vozilo za odvoz smeća

fa dong ji

motor

qi you

benzin

jia you zhan

benzinska postaja

jiao tong biao zhi

prometni znak

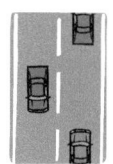

jiao tong

promet

jiao tong du sai

zastoj

ting che chang

parkiralište

huo che zhan

kolodvor

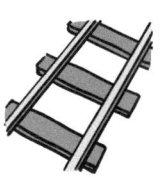

gui dao

šine

huo che

vlak

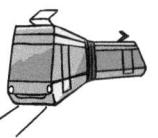

dian che

tramvaj

huo che

vagon

zhi sheng ji

helikopter

ji chang

zrakoplovna luka

ta

toranj

cheng ke

putnik

ji zhuang xiang

kontejner

zhi ban xiang

karton

shou tui che

kolica

lan zi

košara

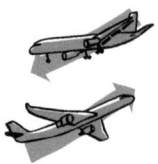

qi fei/jiang luo

uzletjeti / sletjeti

grad

cun zhuang

selo

shi zhong xin

centar grada

fang zi

kuća

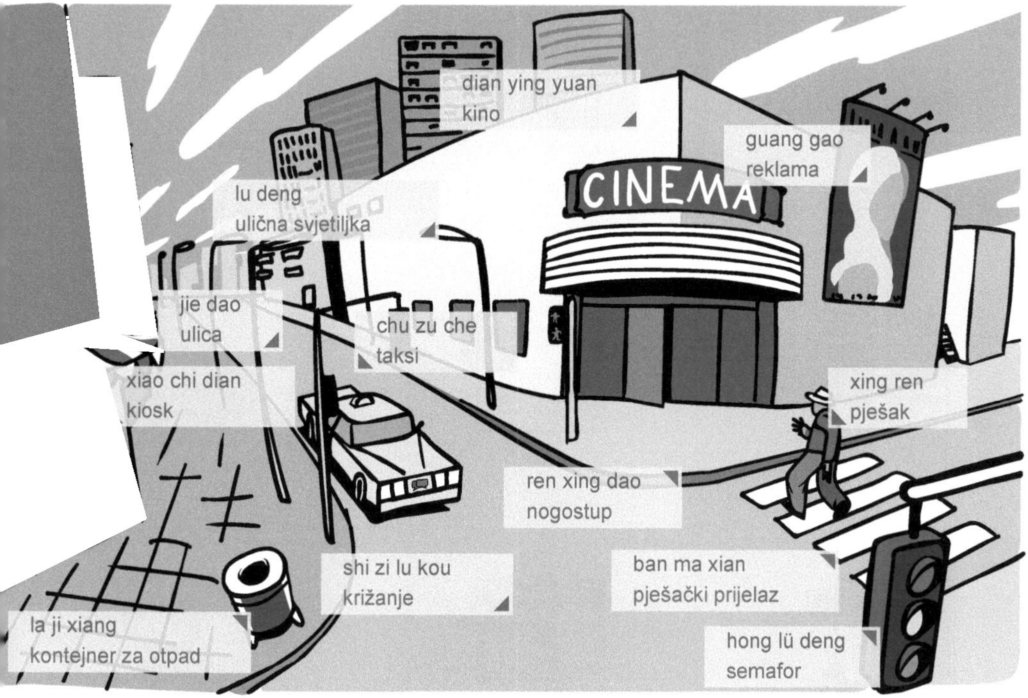

dian ying yuan
kino

guang gao
reklama

lu deng
ulična svjetiljka

CINEMA

jie dao
ulica

chu zu che
taksi

xiao chi dian
kiosk

xing ren
pješak

ren xing dao
nogostup

shi zi lu kou
križanje

ban ma xian
pješački prijelaz

la ji xiang
kontejner za otpad

hong lü deng
semafor

xiao wu

koliba

gong yu

stan

huo che zhan

kolodvor

shi zheng ting

vijećnica

bo wu guan

muzej

xue xiao

škola

da xue

sveučilište

yin hang

banka

yi yuan

bolnica

jiu dian

hotel

yao fang

ljekarna

ban gong shi

ured

shu dian

knjižara

shang dian

prodavaonica

hua dian

cvjećara

chao shi

supermarket

shi chang

trg

bai huo shang dian

robna kuća

yu dian

ribarnica

gou wu zhong xin

trgovački centar

hai gang

luka

gong yuan

park

chang deng

klupa

qiao

most

lou ti

stepenice

di tie

podzemna željeznica

sui dao

tunel

gong jiao che zhan

autobusna stanica

jiu ba

bar

can guan

restoran

you tong

poštansko sanduče

lu biao

ulični znak

ting che ji shi qi

parkirni sat

dong wu yuan

zoološki vrt

you yong guan

bazen

qing zhen si

džamija

nong chang
seosko gazdinstvo

wu ran
zagađenje okoliša

mu di
groblje

jiao tang
crkva

cao chang
igralište

si miao
hram

krajolik

shu ye
list

zhi shi pai
putokaz

lu
put

cao di
livada

shi tou
kamen

shu
drvo

tu bu lü xing zhe
šetač

he
rijeka

cao
trava

hua
cvijet

xia gu

dolina

shan

planina

hu

jezero

sen lin

šuma

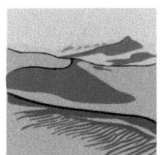

sha mo

pustinja

huo shan

vulkan

cheng bao

dvorac

cai hong

duga

mo gu

gljiva

zong lü shu

palma

wen zi

moskito

cang ying

muha

ma yi

mrav

mi feng

pčela

zhi zhu

pauk

jia chong

buba

qing wa

žaba

song shu

vjeverica

ci wei

jež

ye tu

zec

mao tou ying

sova

niao

ptica

tian e

labud

ye zhu

divlja svinja

lu

jelen

mi lu

los

shui ba

nasip

feng li fa dian ji

vjetrenjača

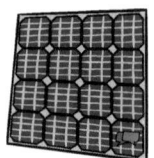

tai yang neng dian chi ban

solarna ploča

qi hou

klima

fu wu yuan
konobar

cai dan
jelovnik

yi zi
stolica

tang
supa

pi sa bing
pica

zhuo bu
stolnjak

can ju
pribor za jelo

qian cai

predjelo

zhu cai

glavno jelo

tian dian

desert

yin liao

napitci

shi wu

jelo

ping zi

boca

kuai can

fastfood

jie bian xiao chi

imbis hrana

cha hu

čajnik

tang he

doza za šećer

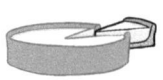

yi fen fan cai

porcija

yi shi ka fei ji

aparat za espresso

gao jiao yi

visoka stolica

zhang dan

račun

tuo pan

pladanj

dao

nož

can cha

vilica

shao zi

žlica

cha chi

čajna žlica

can jin

ubrus

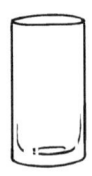

bo li bei

čaša

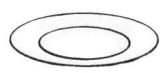

die zi

tanjur

tang pan

tanjur za supu

die zi

tanjurić

jiang

sos

yan ping

soljenka

hu jiao mo

mlin za biber

cu

ocat

shi yong you

ulje

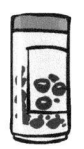 

tiao wei liao

začini

fan qie jiang

kečap

jie mo

senf

dan huang jiang

majoneza

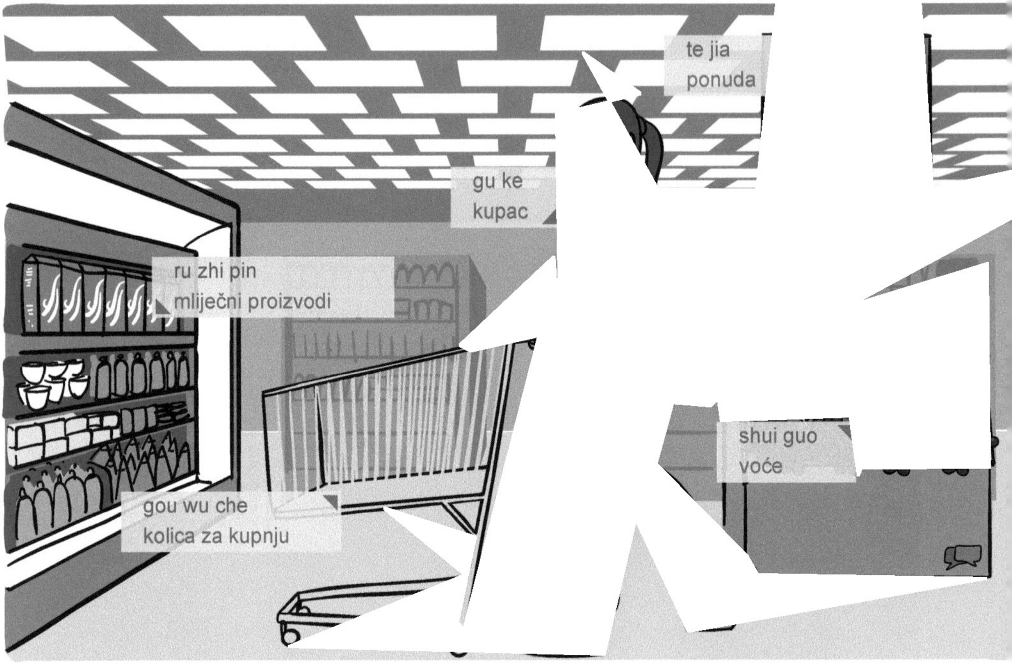

supermarket

te jia
ponuda

gu ke
kupac

ru zhi pin
mliječni proizvodi

shui guo
voće

gou wu che
kolica za kupnju

rou pu

mesnica

mian bao fang

pekarnica

cheng zhong

vagati

shu cai

povrće

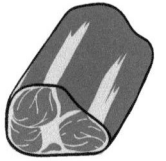

rou

meso

leng dong shi pin

duboko smrznuta hrana

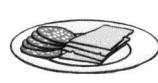

leng pan

narezak

guan tou shi pin

konzerve

xi yi fen

sredstvo za pranje

tian shi

slatkiši

ri yong pin

artikli za domaćinstvo

qing jie yong pin

sredstva za čišćenje

xiao shou yuan

prodavačica

shou yin ji

blagajna

shou yin yuan

blagajnik

gou wu qing dan

lista za kupnju

kai fang shi jian

vrijeme rada

qian bao

novčanik

xin yong ka

kreditna kartica

dai zi

torba

su liao dai

plastična vrećica

shui

voda

guo zhi

sok

niu nai

mlijeko

ke le

cola

hong jiu

vino

pi jiu

pivo

jiu

alkohol

ke ke

kakao

cha

čaj

ka fei

kava

yi shi nong suo ka fei

espresso

ka bu qi nuo

cappuccino

xiang jiao

banana

ping guo

jabuka

cheng zi

naranča

xi gua

lubenica

ning meng

limun

hu luo bo

mrkva

da suan

češnjak

zhu zi

bambus

yang cong

luk

mo gu

gljiva

jian guo

orašasti plodovi

mian tiao

rezanci

yi da li mian tiao

špagete

mi fan

riža

sha la

salata

shu tiao

pomfrit

zha tu dou

pečeni krumpir

pi sa bing

pica

han bao bao

hamburger

san ming zhi

sendvič

zha zhu pai

šnicla

huo tui

pršut

sa la mi

salama

xiang chang

kobasica

ji rou

kokoš

kao rou

pečenje

yu

riba

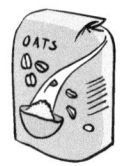

yan mai pian

zobene pahuljice

mu zi li

musli

yu mi pian

kukuruzne pahuljice

mian fen

brašno

yang jiao mian bao

roščić

mian bao juan

pecivo

mian bao

kruh

kao mian bao

toast

bing gan

keksi

huang you

maslac

ning ru

svježi sir

dan gao

kolač

dan

jaje

jian dan

jaje na oko

nai lao

sir

bing ji lin

sladoled

tang

šećer

feng mi

med

guo jiang

marmelada

qiao ke li jiang

nugat krema

ga li fan

curry

seosko gazdinstvo

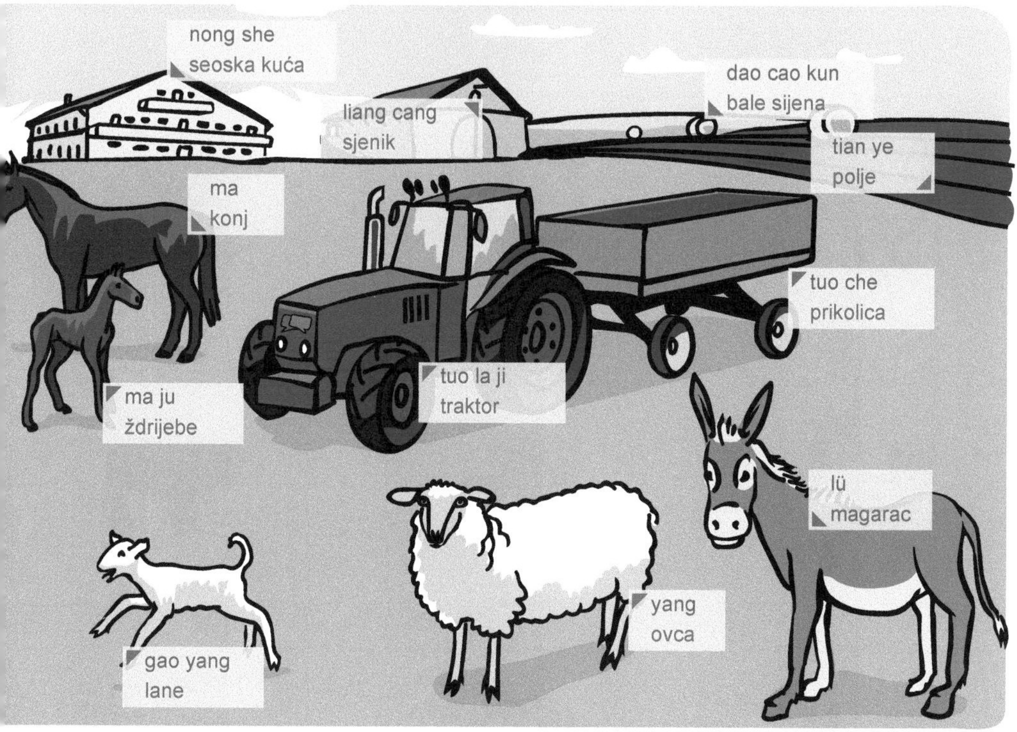
nong she
seoska kuća
liang cang
sjenik
dao cao kun
bale sijena
tian ye
polje
ma
konj
tuo che
prikolica
ma ju
ždrijebe
tuo la ji
traktor
lü
magarac
yang
ovca
gao yang
lane

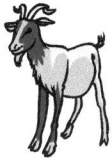

shan yang

koza

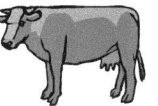

nai niu

krava

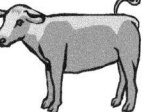

niu du

tele

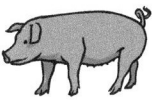

zhu

svinja

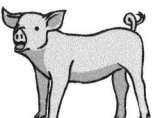

xiao zhu

prase

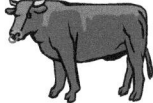

gong niu

bik

e

guska

ya

patka

xiao ji

pilići

mu ji

kokoš

gong ji

pijetao

shu

pacov

mao

mačka

lao shu

miš

niu

vol

gou

pas

gou wu

kućica za psa

hua yuan jiao shui ruan guan

vrtno crijevo

sa shui hu

kanta za polijevanje

chang bing da lian dao

kosa

li

plug

lian dao

srp

chu tou

motika

chang bing cao pa

vilica za gnojivo

fu tou

sjekira

du lun shou tui che

tačke

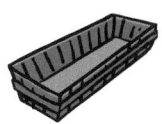

si liao cao

korito

niu nai guan

posuda za mlijeko

ma bu dai

vreća

zha lan

ograda

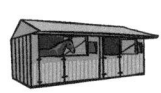

ma jiu

štala

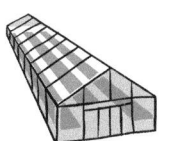

wen shi

staklenik

tu rang

zemlja

zhong zi

sjeme

fei liao

gnojivo

lian he shou ge ji

kombajn

shou ge

žanjati

shou ge

žetva

shan yao

yams začin

xiao mai

pšenica

da dou

soja

tu dou

krumpir

yu mi

kukuruz

you cai zi

uljana repica

guo shu

voćka

shu shu

gomolj manioke

gu wu

žitarice

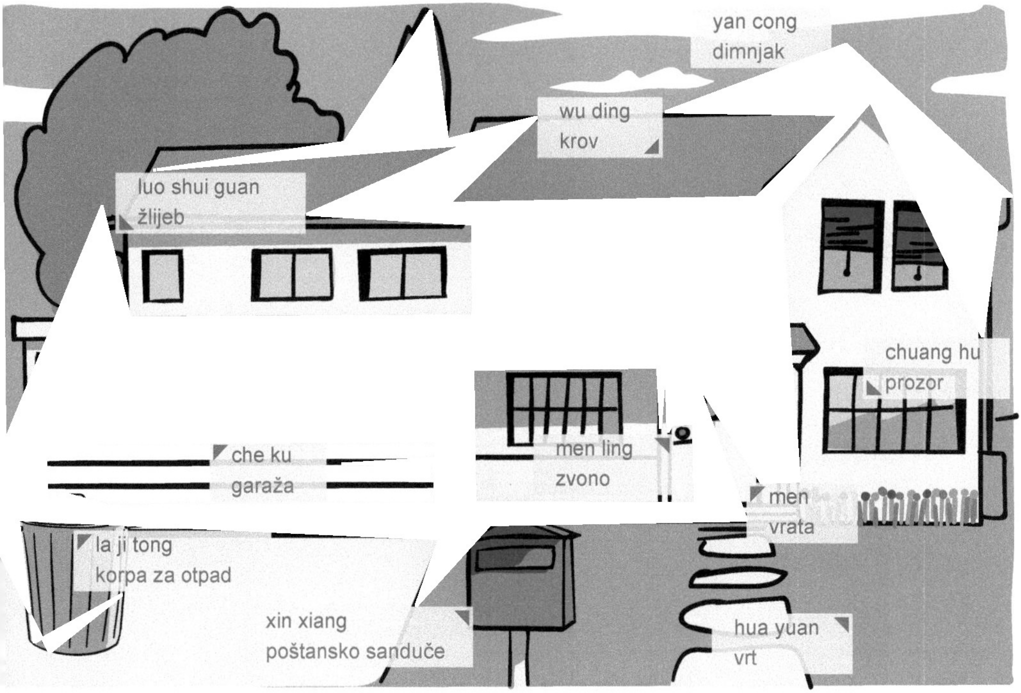

yan cong
dimnjak

wu ding
krov

luo shui guan
žlijeb

chuang hu
prozor

che ku
garaža

men ling
zvono

men
vrata

la ji tong
korpa za otpad

xin xiang
poštansko sanduče

hua yuan
vrt

ke ting

dnevna soba

yu shi

kupaonica

chu fang

kuhinja

wo shi

spavaća soba

er tong fang

dječija soba

can ting

trpezarija

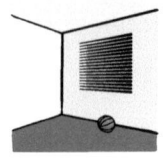

di ban

pod

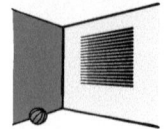

qiang bi

zid

diao ding

strop

di jiao

podrum

sang na

sauna

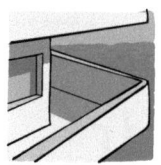

yang tai

balkon

lu tai

terasa

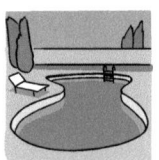

you yong chi

bazen

ge cao ji

kosilica za travu

bei dan

posteljina za krevet

chuang zhao

deka za krevet

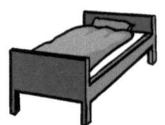

chuang

krevet

sao zhou

metla

shui tong

kanta

kai guan

sklopka

dnevna soba

bi zhi
tapeta
zhao pian
slika
tai deng
svjetiljka
ge jia
regal
chu gui
ormar
dian shi ji
televizija
hua
cvijet
dian zi
jastuk
sha fa
kauč
hua ping
vaza
yao kong qi
daljinski upravljač

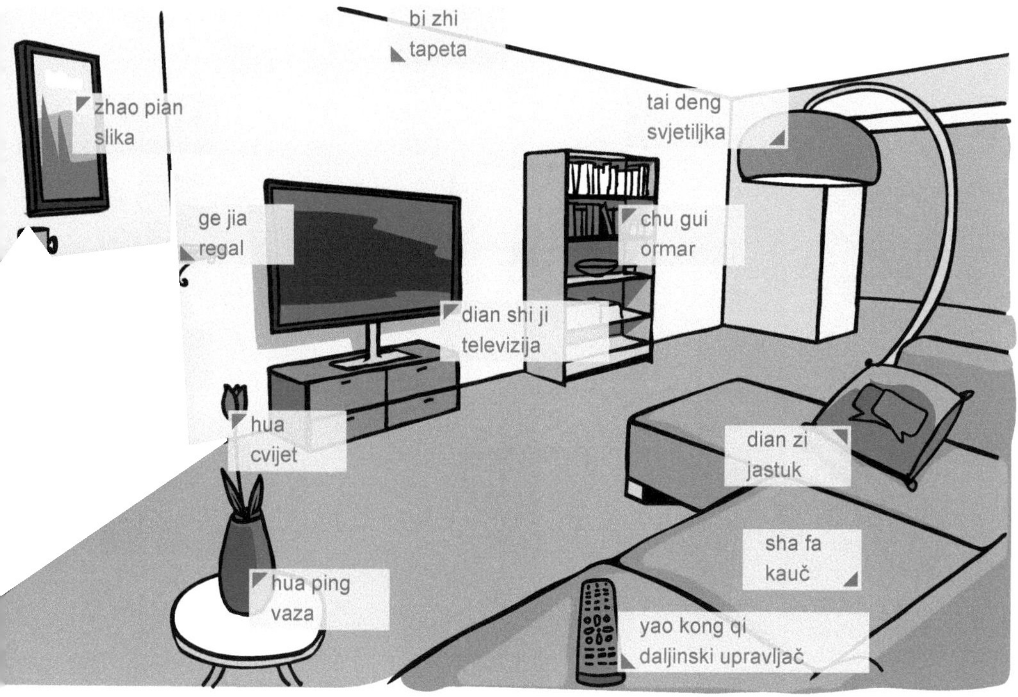

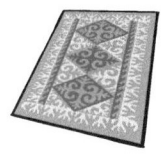

di tan

tepih

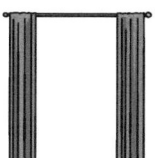

chuang lian

zavjesa

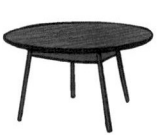

can zhuo

stol

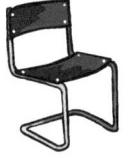

yi zi

stolica

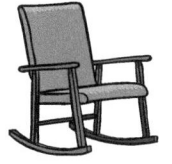

yao yi

stolica za njihanje

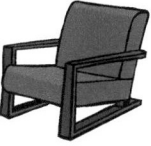

fu shou yi

fotelja

shu

knjiga

tan zi

deka

zhuang shi pin

dekoracija

mu chai

drvo za ogrjev

dian ying

film

gao bao zhen yin xiang

stereo uređaj

yao shi

ključ

bao zhi

novine

you hua

slika na platnu

hai bao

poster

shou yin ji

radio

bi ji ben

blok za pisanje

xi chen qi

usisavač

xian ren zhang

kaktus

la zhu

svijeća

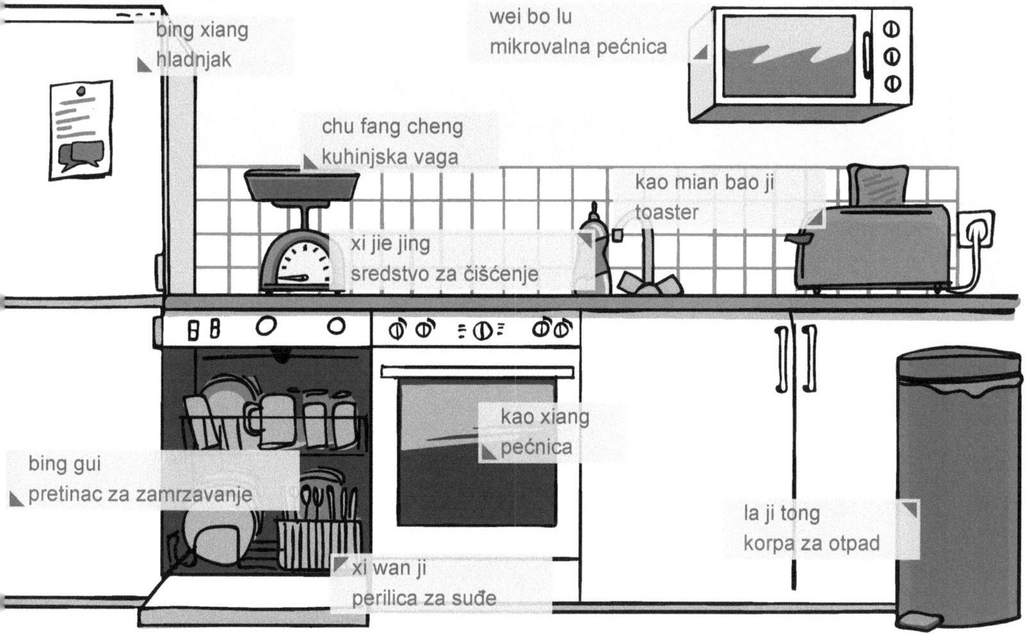

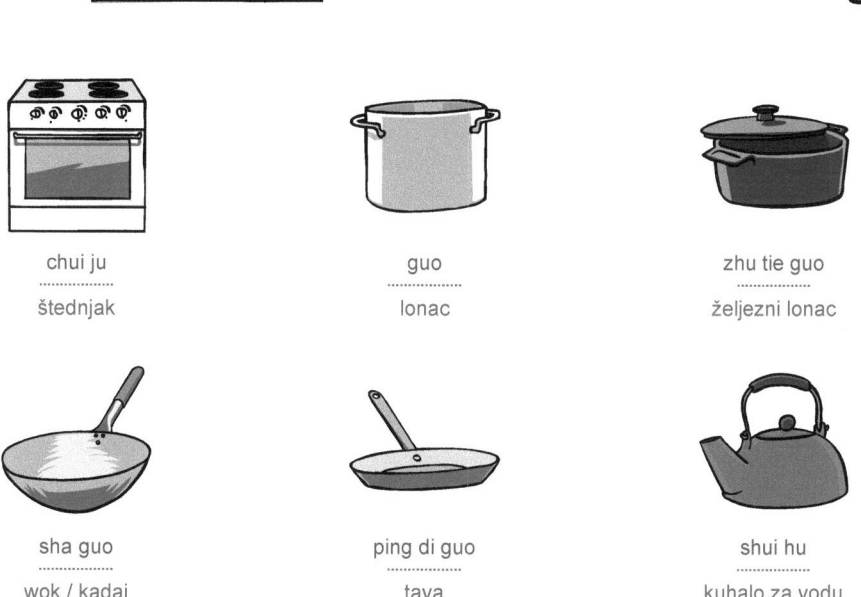

bing xiang
hladnjak

wei bo lu
mikrovalna pećnica

chu fang cheng
kuhinjska vaga

kao mian bao ji
toaster

xi jie jing
sredstvo za čišćenje

kao xiang
pećnica

bing gui
pretinac za zamrzavanje

la ji tong
korpa za otpad

xi wan ji
perilica za suđe

chui ju	guo	zhu tie guo
štednjak	lonac	željezni lonac

sha guo	ping di guo	shui hu
wok / kadai	tava	kuhalo za vodu

zheng guo

kuhalo na paru

kao pan

lim za pečenje

tao ci guo

posuđe

ma ke bei

čaša

wan

zdjela

kuai zi

štapići za jelo

chang bing shao

kutljača

chan zi

lopatica

jiao ban qi

pjenjača

lü wang

sito za kuhanje

shai zi

sito

mo sui ji

ribež

yan bo

mužar

shao kao

roštilj

ming huo

ognjište

cai ban
daska

gan mian zhang
oklagija

kai ping qi
vadičep

guan zi
konzerva

kai ping qi
otvarač konzervi

ge re shou tao
krpa za lonac

shui cao
sudoper

shua zi
četka

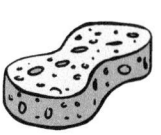

hai mian
spužva

jiao ban ji
mikser

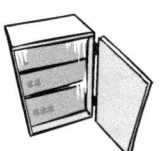

leng cang xiang
zamrzivač

nai ping
bočica za bebe

shui long tou
slavina za vodu

chu fang - kuhinja

lin yu
tuš

gong nuan she bei
grijanje

mao jin
ručnik

yu lian
zavjesa za tuš

pao mo yu
pjenušava kupka

yu gang
kada

bo li bei
čaša

xi yi ji
perilica za rublje

shui long tou
slavina za vodu

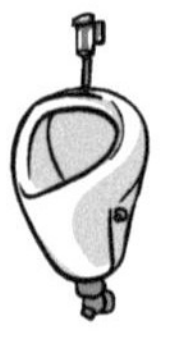

ci zhuan
pločice

bian hu
dječja kahlica

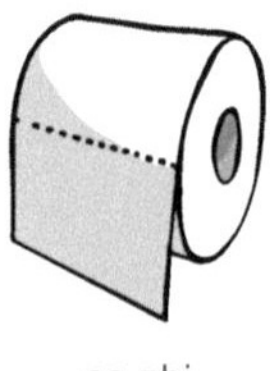

shui cao
sudoper

ce suo	dun bian qi	zuo yu qi
toalet	čučavac	bidet

xiao bian chi	ce zhi	ma tong shua
pisoar	papir za toalet	četka za toalet

ya shua

četkica za zube

ya gao

pasta za zube

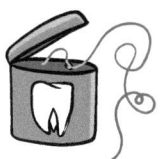

ya xian

konac za zube

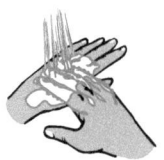

xi

prati

shou chi shi pen lin tou

tuš ručica

chong xi qi

tuš za pranje intimnih
dijelova

xi lian pen

lavor

ca bei shua

četka za pranje leđa

fei zao

sapun

mu yu lu

gel za tuširanje

xi fa shui

šampon

fa lan rong

krpa za pranje

pai shui

odvod

ru shuang

krema

chu chou ji

dezodorans

jing zi

ogledalo

shou jing

kozmetičko ogledalo

ti xu dao

brijač

ti xu pao mo

pjena za brijanje

xu hou shui

losion za poslije brijanja

shu zi

češalj

shua zi

četka

chui feng ji

sušilo za kosu

pen fa ding xing ji

sprej za kosu

hua zhuang pin

makeup

chun gao

ruž za usne

zhi jia you

lak za nokte

hua zhuang mian

vata

zhi jia jian

škare za nokte

xiang shui

parfem

yu shi - kupaonica

xi shu bao

neseser

deng zi

stolica

ji zhong cheng

vaga

yu pao

ogrtač

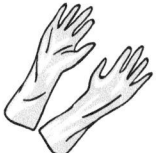

xiang jiao shou tao

rukavice za čišćenje

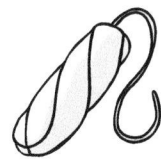

wei sheng mian tiao

tampon

wei sheng jin

uložak

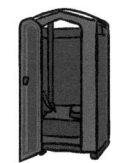

hua xue ce suo

kemijski toalet

dječija soba

nao zhong
budilnik
mao rong wan ju
plišana igračka
wan ju che
auto igračka
bo lang gu
zvečka
wan ju wu
kućica za lutke
li wu
poklon

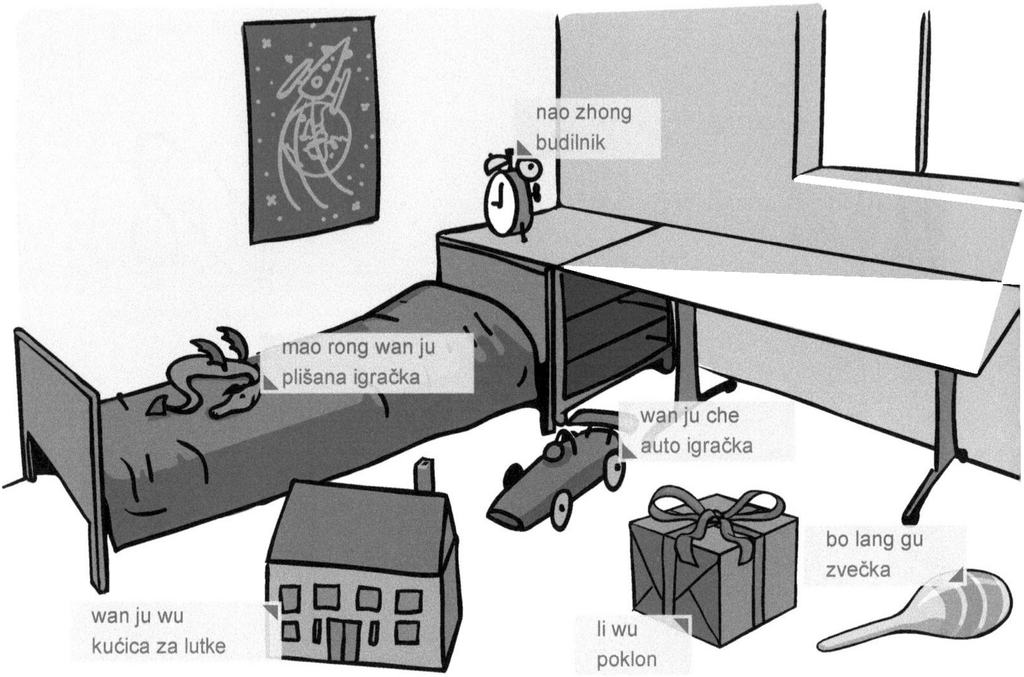

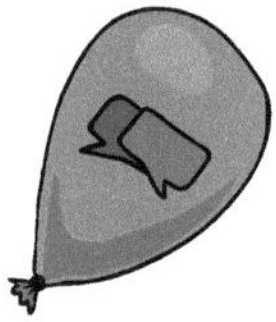

qi qiu

balon

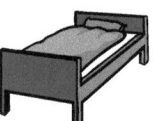

chuang

krevet

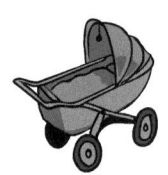

(yang wa wa yong)ying er che

dječija kolica

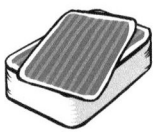

pu ke pai

igra s kartama

pin tu

slagalica

SUPER
MEGA

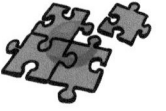

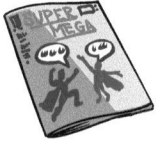

man hua

strip

le gao ji mu

lego kockice

ji mu wan ju

kockice za slaganje

wan ju ren

akcioni junak

ying er fu

kombinezon za bebe

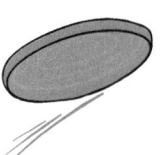

fei pan

frizbi

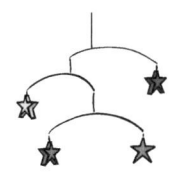

chuang ling wan ju

viseće igračke

qi pan you xi

društvene igre

shai zi

kocka

huo che mo xing

minijaturna željeznica

an fu nai zui

duda

ju hui

tulum

hui ben

slikovnica

qiu

lopta

yang wa wa

lutka

wan

igrati

sha keng

pješčanik

qiu qian

ljuljačka

wan ju

igračka

you xi ji

konzola za igre

san lun che

tricikl

tai di xiong

plišani medo

yi chu

ormar

odjeća

wa zi

kratke čarape

chang wa

čarape

jin shen ku

hulahopke

wei jin
šal

yu san
kišobran

pi dai
kaiš

T xu
t-shirt

xue zi
čizme

tuo xie
papuče

yun dong xie
patike

liang xie
sandale

xie
cipele

yu xue
gumene čizme

nei ku
gaćice

xiong zhao
grudnjak

bei xin
potkošulja

yi fu - odjeća

45

shen ti

bodi

ku zi

hlače

niu zai ku

džins

duan qun

haljina

nü shi chen shan

bluza

chen shan

košulja

tao tou shan

džemper

wei yi

pulover s kapuljačom

xi zhuang jia ke

blejzer

jia ke

jakna

wai tao

kaput

yu yi

kabanica

tao zhuang

kostim

lian yi qun

haljina

hun sha

vjenčanica

xi zhuang

odijelo

shui pao

spavaćica

shui yi

pidžama

sha li

sari

tou jin

rubac

bao tou jin

turban

bo ka

burka

ka fu tan

kaftan

(a la bo shi)chang pao

abaja

yong yi

kupaći kostim

nan shi yong ku

kupaće gaćice

duan ku

kratke hlače

yun dong fu

odjeća za trening

wei qun

pregača

shou tao

rukavice

niu kou

gumb

yan jing

naočale

shou lian

narukvica

xiang lian

ogrlica

jie zhi

prsten

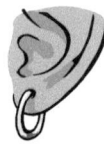

er huan

naušnica

bian mao

kapa

yi jia

vješalica

mao zi

šešir

ling dai

kravata

la lian

patent zatvarač

tou kui

kaciga

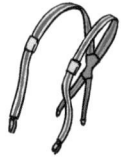

bei dai

naramenice

xiao fu

školska uniforma

zhi fu

uniforma

wei dou
....
podbradak

an fu nai zui
....
duda

niao bu shi
....
pelena

ured

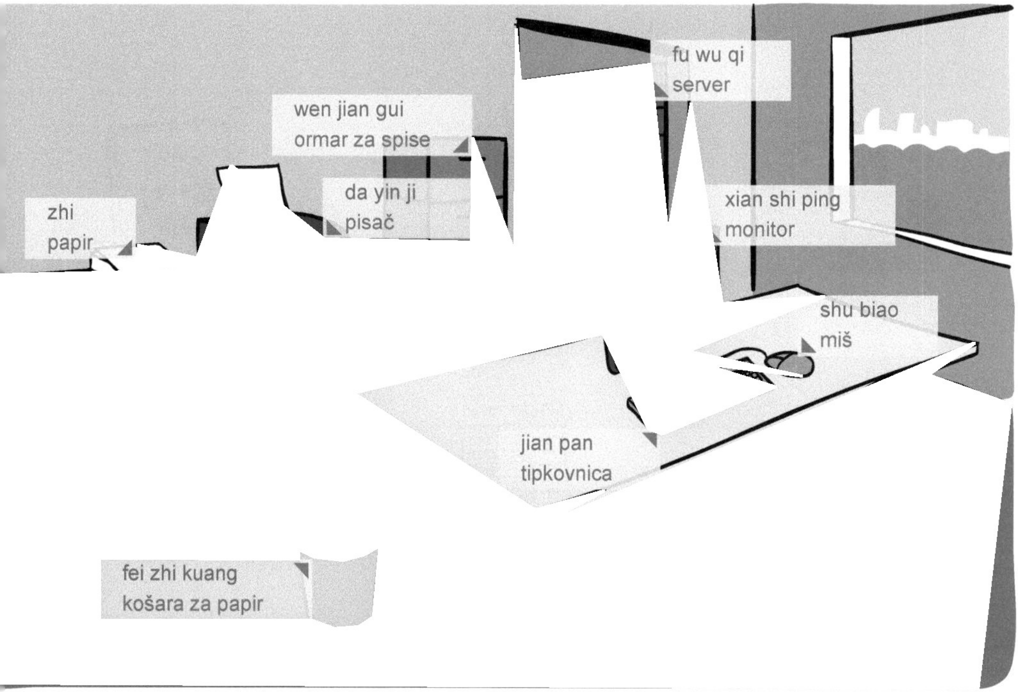

fu wu qi
server

wen jian gui
ormar za spise

da yin ji
pisač

zhi
papir

xian shi ping
monitor

shu biao
miš

jian pan
tipkovnica

fei zhi kuang
košara za papir

ka fei bei
....
šalica za kavu

ji suan qi
....
kalkulator

yin te wang
....
internet

bi ji ben dian nao

laptop

xin jian

pismo

xiao xi

poruka

shou ji

mobilni telefon

wang luo

mreža

fu yin ji

uređaj za kopiranje

ruan jian

softver

dian hua

telefon

cha zuo

utičnica

chuan zhen ji

faks

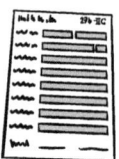

biao ge

obrazac

wen jian

dokument

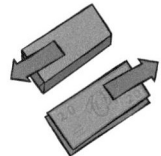

mai

kupovati

fu qian

platiti

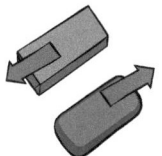

jiao yi

trgovati

xian jin

novac

mei yuan

dolar

ou yuan

euro

ri yuan

jen

lu bu

rubalj

rui shi fa lang

švicarski franak

ren min bi

renmindbi yuan

lu bi

rupija

ti kuan chu

automat za novac

wai bi dui huan chu

mjenjačnica

jin

zlato

yin

srebro

shi you

nafta

neng yuan

energija

jia ge

cijena

he tong

ugovor

shui jin

porez

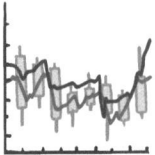

gu piao

dionica

gong zuo

raditi

zhi yuan

službenik

lao ban

poslodavac

gong chang

tvornica

shang dian

prodavaonica

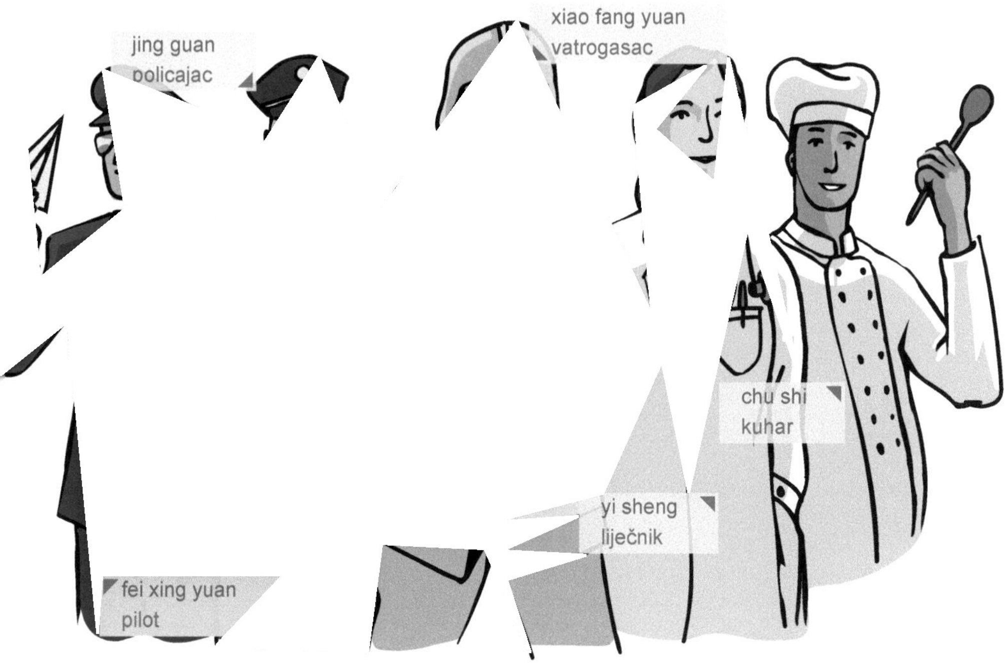

jing guan
policajac

xiao fang yuan
vatrogasac

chu shi
kuhar

yi sheng
liječnik

fei xing yuan
pilot

yuan ding

vrtlar

mu jiang

stolar

cai feng

krojačica

fa guan

sudija

hua xue jia

kemičar

yan yuan

glumac

gong jiao che si ji

vozač autobusa

chu zu che si ji

vozač taksija

yu fu

ribar

qing jie nü gong

čistačica

wu ding gong

krovopokrivač

fu wu yuan

konobar

lie ren

lovac

hua jia

slikar

mian bao shi

pekar

dian gong

električar

jian zhu gong ren

građevinski radnik

gong cheng shi

inženjer

tu fu

mesar

shui guan gong

limar

you di yuan

poštar

shi bing

vojnik

jian zhu shi

arhitekta

shou yin yuan

blagajnik

hua nong

cvjećar

li fa shi

frizer

shou piao yuan

kondukter

ji xie shi

mehaničar

chuan zhang

kapetan

ya yi

zubar

ke xue jia

znanstvenik

la bi

rabi

yi ma mu

imam

he shang

monah

mu shi

svećenik

alati

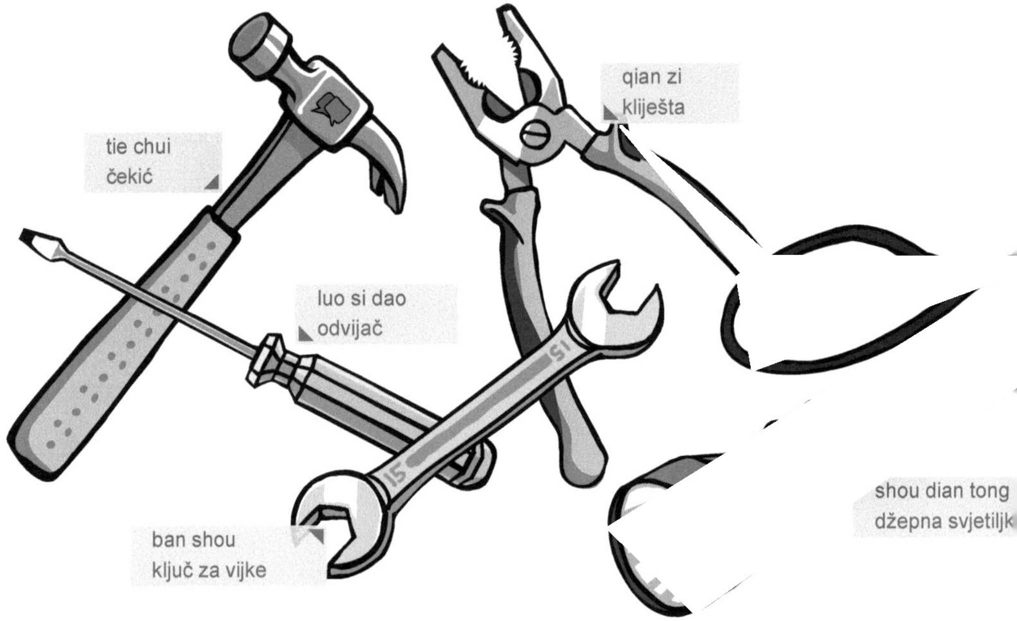

tie chui
čekić
qian zi
kliješta
luo si dao
odvijač
ban shou
ključ za vijke
shou dian tong
džepna svjetiljk

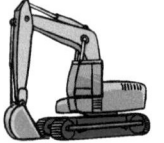

wa jue ji

rovokopač

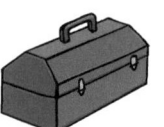

gong ju xiang

kutija za alat

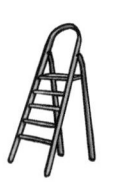

ti zi

ljestve

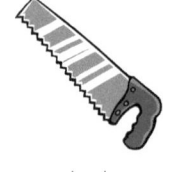

ju zi

pila

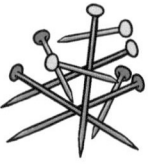

ding zi

ekser

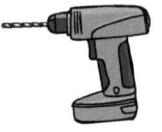

zuan ji

bušilica

xiu

popraviti

chan zi

lopata

kao!

Sranje!

bo ji

lopatica

you qi tong

lonac za boju

luo si

vijci

glazbeni instrument

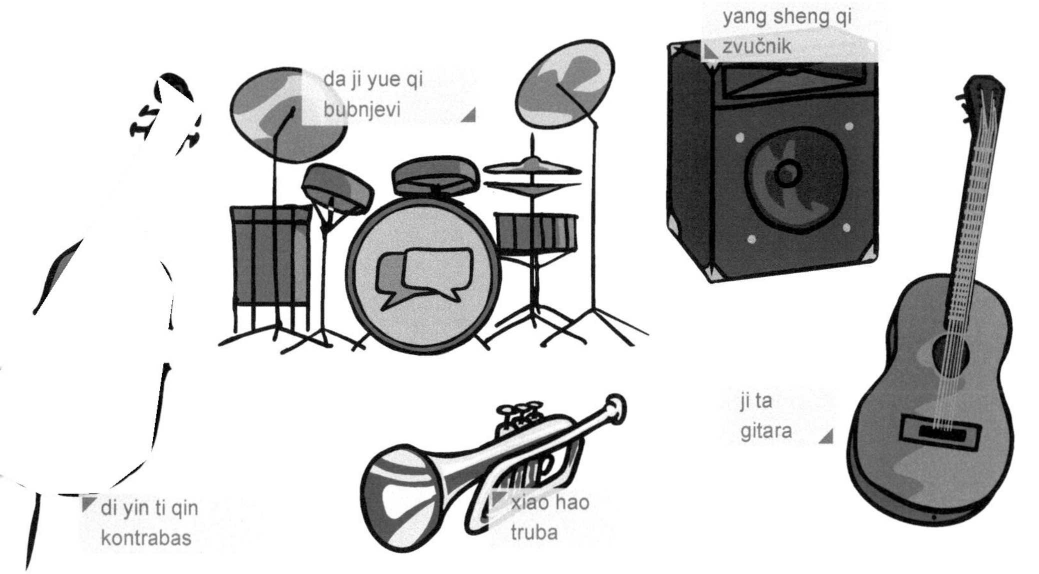

da ji yue qi
bubnjevi

yang sheng qi
zvučnik

ji ta
gitara

di yin ti qin
kontrabas

xiao hao
truba

gang qin

klavir

xiao ti qin

violina

bei si

bas

ding yin gu

timpani

gu

udaraljke za bubnjeve

dian zi qin

keyboard

sa ke si guan

saksofon

chang di

flauta

mai ke feng

mikrofon

zoološki vrt

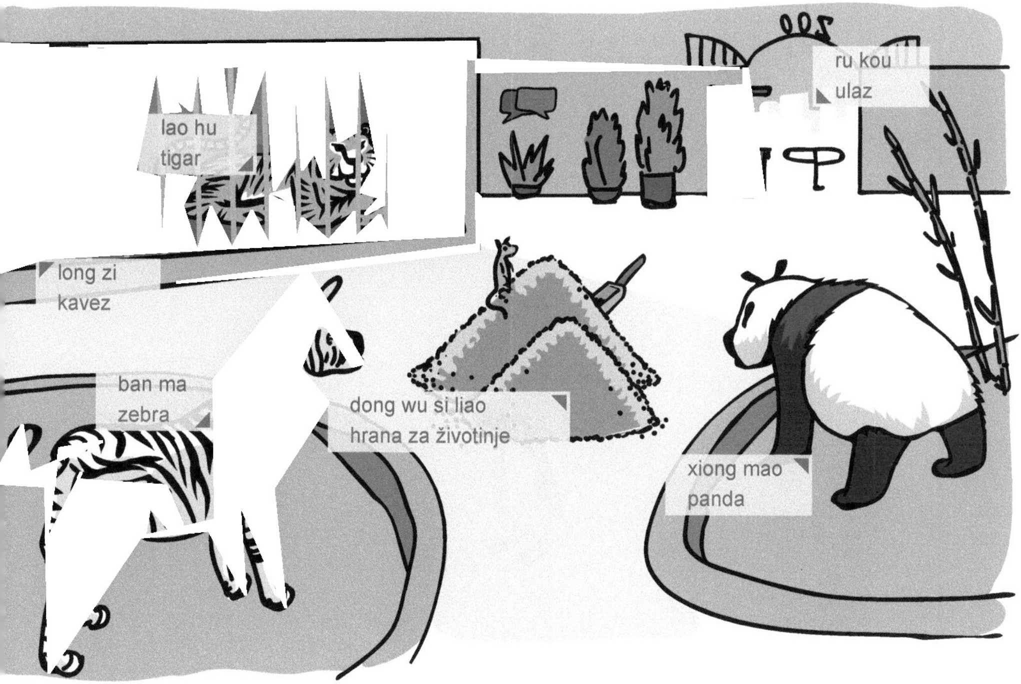

lao hu
tigar
ru kou
ulaz
long zi
kavez
ban ma
zebra
dong wu si liao
hrana za životinje
xiong mao
panda

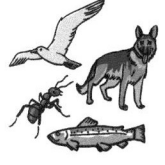

dong wu
životinje

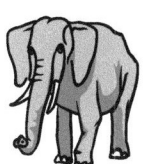

da xiang
slon

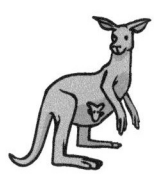

dai shu
kengur

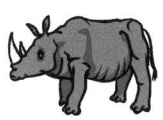

xi niu
nosorog

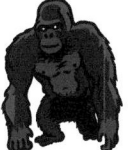

da xing xing
gorila

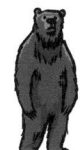

xiong
medvjed

luo tuo

kamila

tuo niao

noj

shi zi

lav

hou zi

majmun

huo lie niao

flamingo

ying wu

papagaj

bei ji xiong

polarni medvjed

qi e

pingvin

sha yu

ajkula

kong que

paun

she

zmija

e yu

krokodil

dong wu yuan guan li yuan

čuvar u zoološkom vrtu

hai bao

tuljan

mei zhou bao

jaguar

ai zhong ma

poni

bao

leopard

he ma

nilski konj

chang jing lu

žirafa

lao ying

orao

ye zhu

divlja svinja

yu

riba

gui

kornjača

hai xiang

morž

hu li

lisica

ling yang

gazela

gan lan qiu
americki nogomet

qi zi xing che
biciklizam

wang qiu
tenis

lan qiu
košarka

you yong
plivanje

quan ji
boks

bing qiu
hockey na ledu

ying shi zu qiu
nogomet

yu mao qiu
badminton

tian jing
atletika

shou qiu
rukomet

hua xue
skijanje

ma qiu
polo

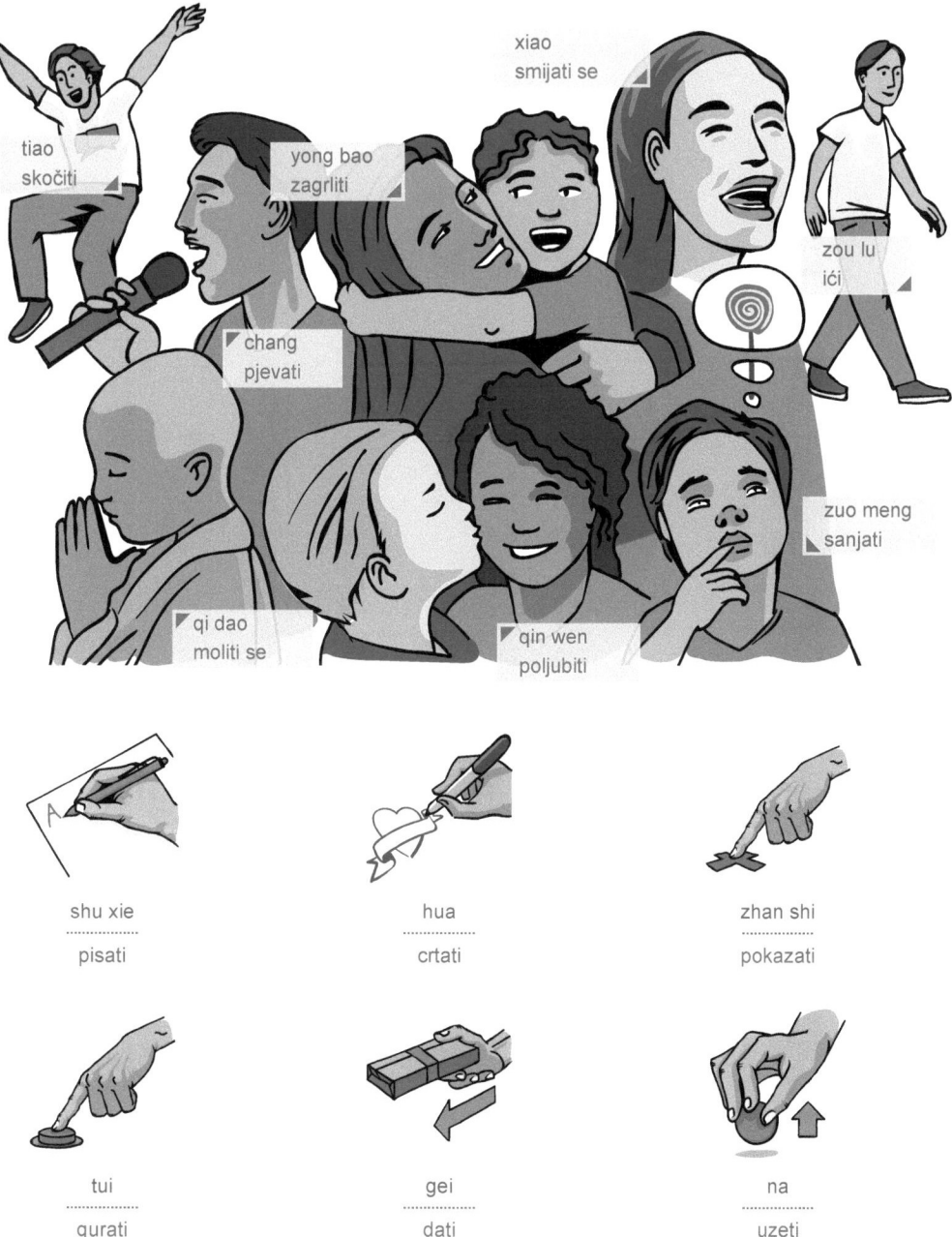

tiao
skočiti

yong bao
zagrliti

xiao
smijati se

zou lu
ići

chang
pjevati

zuo meng
sanjati

qi dao
moliti se

qin wen
poljubiti

shu xie
pisati

hua
crtati

zhan shi
pokazati

tui
gurati

gei
dati

na
uzeti

you

imati

zuo

činiti

dang

biti

zhan

stojati

pao

trčati

la

povlačiti

reng

baciti

shuai dao

padati

tang

ležati

deng dai

čekati

xie dai

nositi

zuo

sjediti

chuan yi

oblačiti

shui jiao

spavati

xing lai

probuditi se

kan

gledati

ku

plakati

fu mo

milovati

shu tou

češljati

jiao tan

govoriti

ming bai

razumjeti

wen

pitati

ting

slušati

he

piti

chi

jesti

qing li

pospremiti

ai

voljeti

zuo fan

kuhati

kai che

voziti

fei

letjeti

hang xing

ploviti

ji suan

računati

du

čitati

xue xi

učiti

gong zuo

raditi

jie hun

vjenčati se

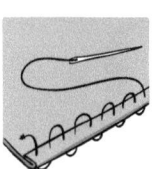

feng

šiti

shua ya

prati zube

sha

ubiti

chou yan

pušiti

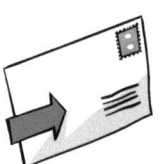

ji

poslati

huo dong - aktivnosti

obitelj

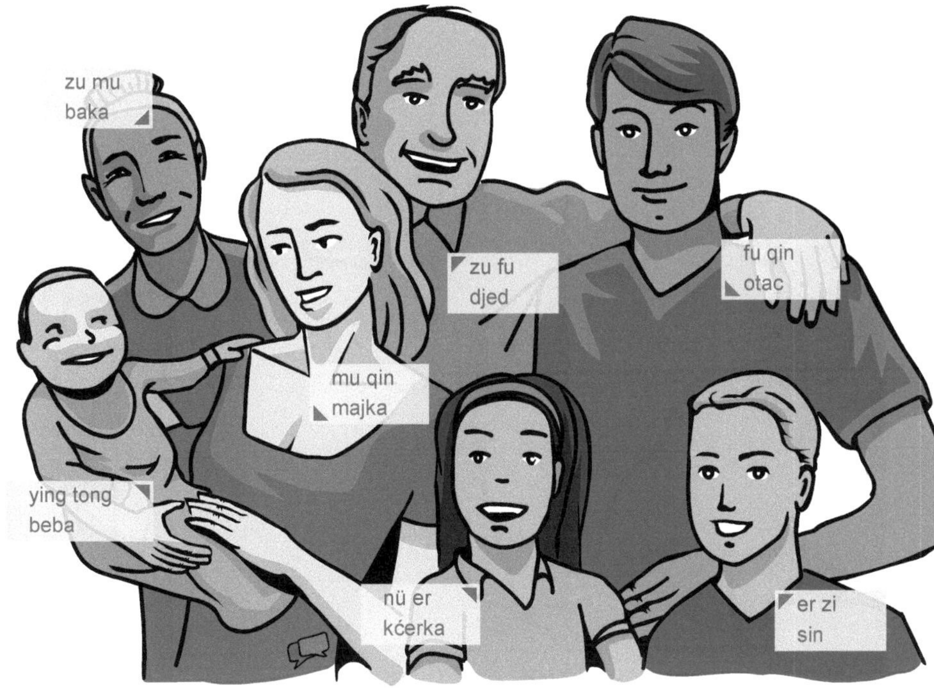
zu mu
baka
zu fu
djed
fu qin
otac
mu qin
majka
ying tong
beba
nü er
kćerka
er zi
sin

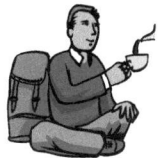

ke ren

gost

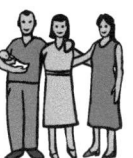

a yi

tetka

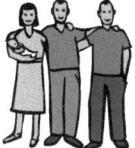

shu shu

ujak, stric

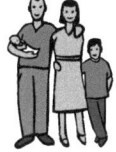

xiong di

brat

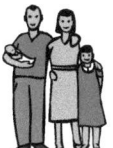

jie mei

sestra

tijelo

qian e
čelo
yan jing
oko
jian bang
rame
shou zhi
prst
lian
lice
xia ba
brada
shou
ruka
tui
noga
ru fang
grudi
shou bi
ruka

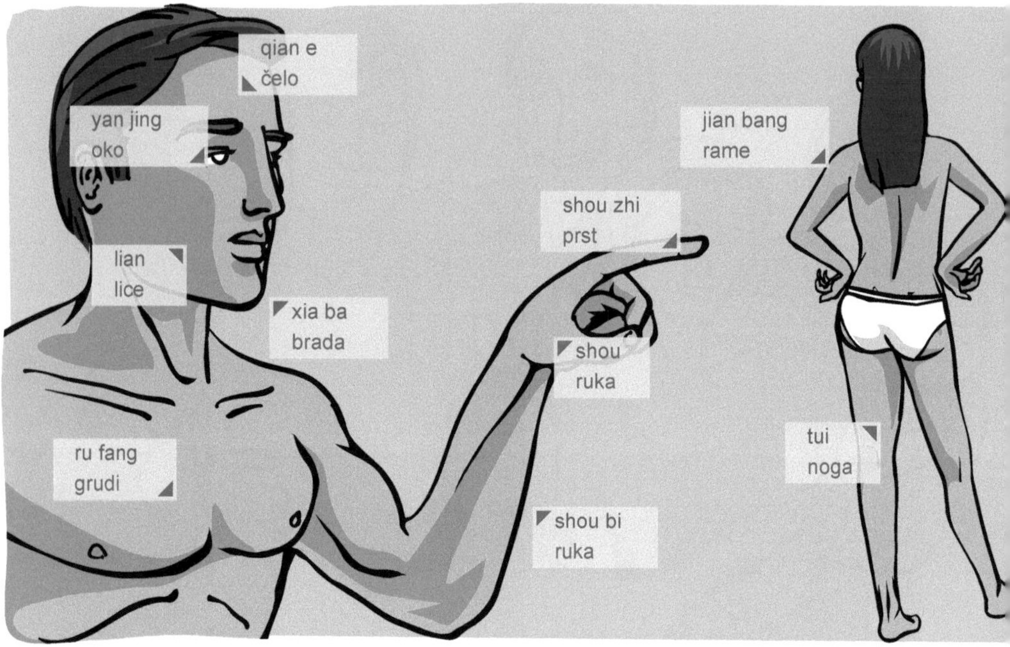

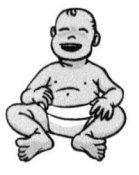

ying tong

beba

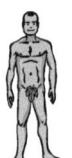

nan ren

muškarac

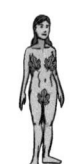

nü ren

žena

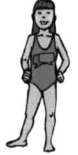

nü hai

djevojčica

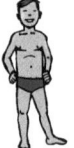

nan hai

dječak

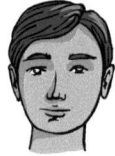

tou

glava

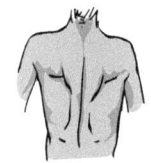

bei bu

leđa

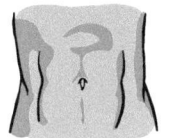

du zi

trbuh

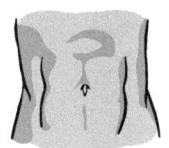

du qi

pupak

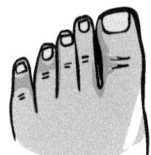

jiao zhi

nožni prst

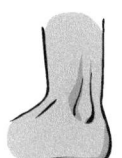

jiao hou gen

peta

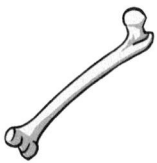

gu tou

kost

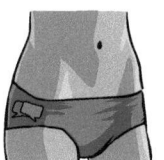

tun bu

kuk

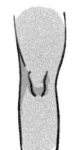

xi gai

koljeno

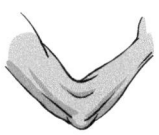

shou zhou

lakat

bi zi

nos

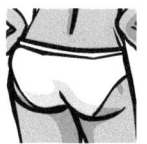

pi gu

stražnjica

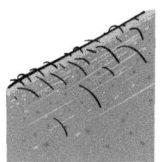

pi fu

koža

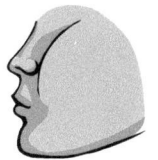

lian jia

obraz

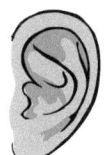

er duo

uho

zui chun

usna

zui
....
usta

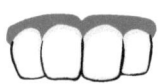

ya chi
....
zub

she tou
....
jezik

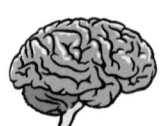

nao
....
mozak

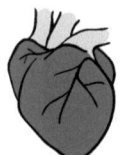

xin zang
....
srce

ji rou
....
mišić

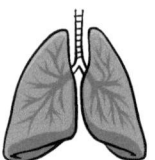

fei
....
pluća

gan zang
....
jetra

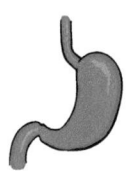

wei
....
želudac

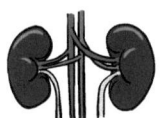

shen zang
....
bubrezi

xing jiao
....
snošaj

bi yun tao
....
kondom

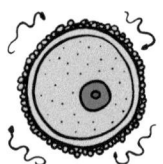

luan zi
....
jajna stanica

jing zi
....
sperma

huai yun
....
trudnoća

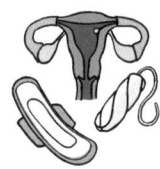

yue jing

menstruacija

yin dao

vagina

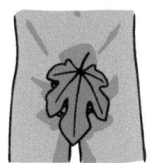

yin jing

penis

mei mao

obrva

tou fa

kosa

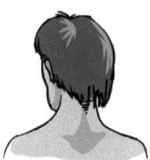

bo zi

vrat

bolnica

yi yuan
bolnica
jiu hu che
bolničko vozilo
lun yi
invalid
gu zhe
lom

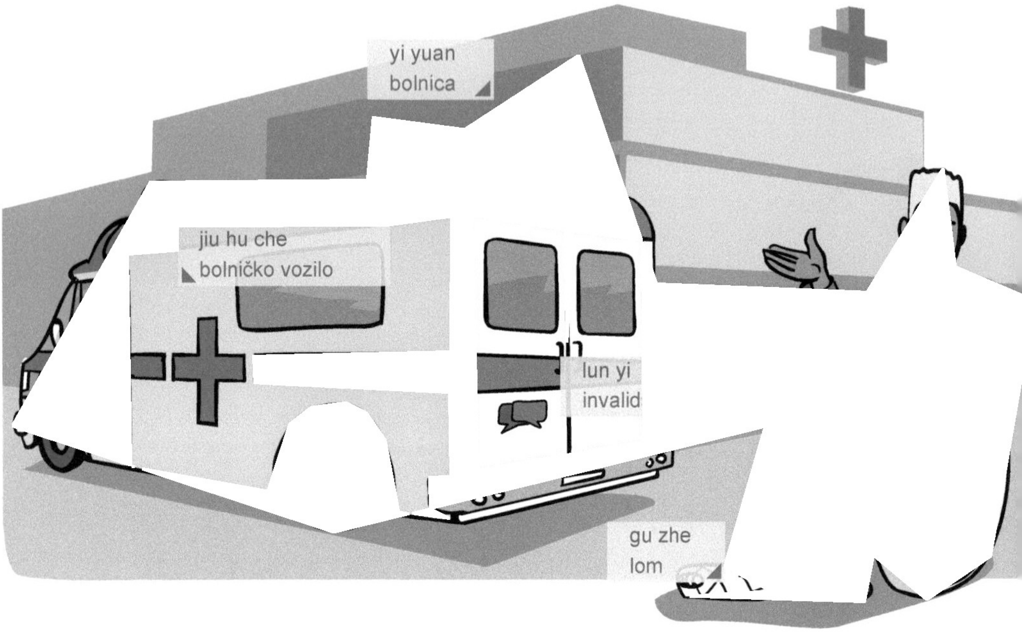

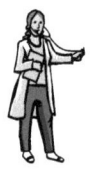

yi sheng

liječnik

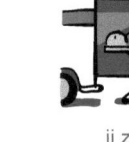

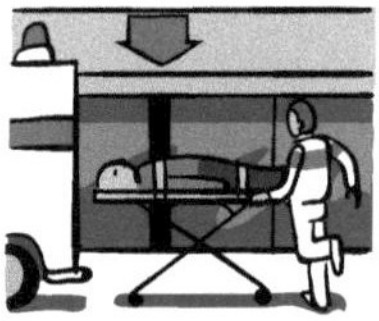

ji zhen shi

hitna medicinska služba

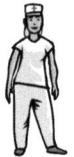

hu shi

medicinska sestra

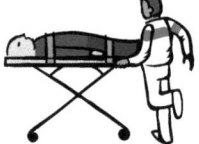

jin ji qing kuang

hitni slučaj

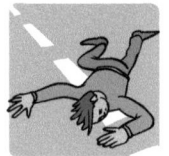

hun mi

nesvijest

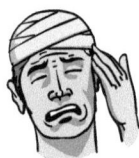

tong

bol

shou shang

ozljeda

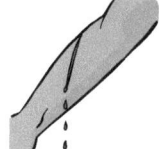

chu xue

krvarenje

xin zang bing fa zuo

srćani infarkt

zhong feng

moždani udar

guo min

alergija

ke sou

kašalj

fa shao

groznica

liu gan

gripa

fu xie

proljev

tou tong

glavobolja

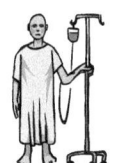

ai zheng

rak

tang niao bing

dijabetes

wai ke yi sheng

kirurg

shou shu dao

skalpel

shou shu

operacija

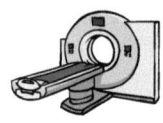

CT

ct

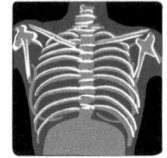

X guang

rentgen

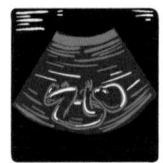

chao sheng bo

ultrazvuk

kou zhao

maska

ji bing

bolest

hou zhen shi

čekaonica

guai zhang

štaka

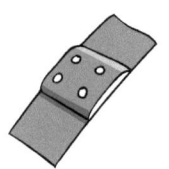

shi gao

flaster

beng dai

zavoj

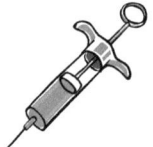

zhu she

injekcija

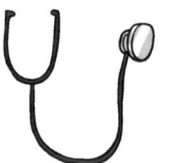

ting zhen qi

stetoskop

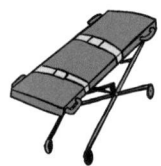

dan jia

nosilo

ti wen ji

termometar

chu sheng

rođenje

chao zhong

prekomjerna težina

yi yuan - bolnica

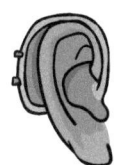

zhu ting qi

slušni aparat

xiao du ye

sredstvo za dezinfekciju

gan ran

infekcija

bing du

virus

ai zi bing

hiv / sida

yao wu

medicina

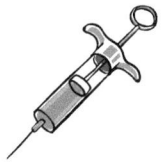

jie zhong yi miao

vakcinacija

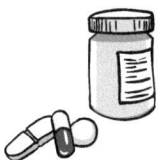

yao pian

tablete

yao wan

pilula

ji jiu dian hua

poziv u pomoć

xue ya ji

uređaj za mjerenje tlaka

sheng bing/jian kang

bolesno / zdravo

jiu ming!

pomoć!

jing bao

alarm

tu ji

nasrtaj

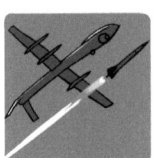

gong ji

napad

wei xian

opasnost

jin ji chu kou

izlaz za nuždu

zhao huo la!

požar!

mie huo qi

vatrogasni aparat

yi wai

nezgoda

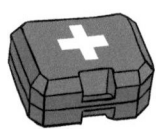

ji jiu xiang

kofer prve pomoći

hu jiu xin hao

sos

jing cha

policija

ou zhou

Europa

bei mei zhou

sjeverna amerika

nan mei zhou

južna amerika

fei zhou

Afrika

ya zhou

Azija

ao zhou

Australija

da xi yang

Atlantik

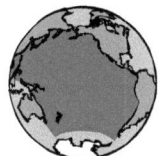

tai ping yang

Pacifik

yin du yang

ocean

nan bing yang

antarktički ocean

bei bing yang

arktički ocean

bei ji

sjeverni pol

nan ji

južni pol

nan ji zhou

Antarktik

di qiu

zemlja

lu di

zemlja

hai

more

dao

otok

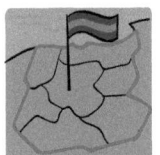

guo jia

nacija

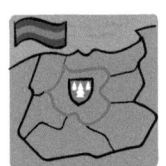

guo jia

država

di qiu - zemlja

zhong mian

brojčanik sata

shi zhen

satna kazaljka

fen zhen

minutna kazaljka

miao zhen

sekundna kazaljka

xian zai ji dian?

Koliko je sati?

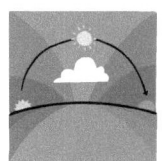

tian

dan

shi jian

vrijeme

xian zai

sada

dian zi biao

digitalni sat

fen

minuta

shi

sat

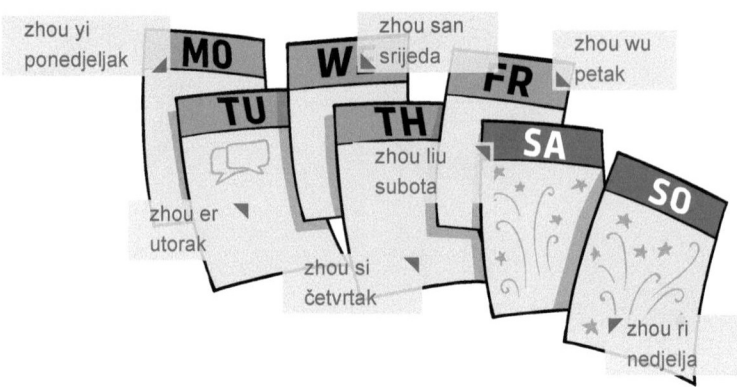

zhou yi
ponedjeljak

zhou san
srijeda

zhou wu
petak

zhou er
utorak

zhou liu
subota

zhou si
četvrtak

zhou ri
nedjelja

zuo tian

jučer

jin tian

danas

ming tian

sutra

zao chen

jutro

zhong wu

podne

wan shang

večer

gong zuo ri

radni dani

zhou mo

vikend

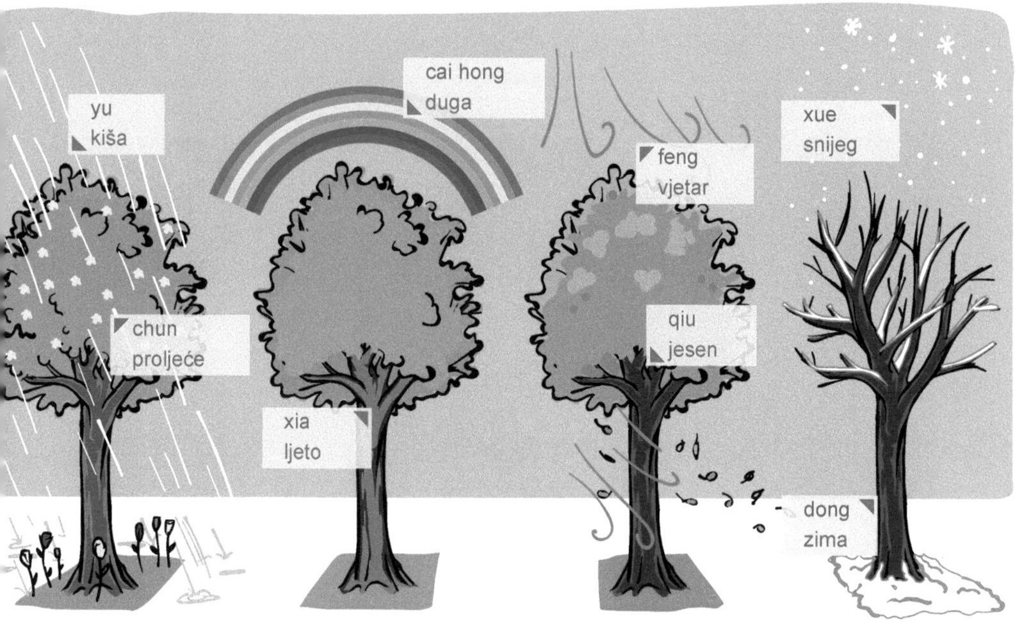

yu
kiša

cai hong
duga

xue
snijeg

feng
vjetar

chun
proljeće

qiu
jesen

xia
ljeto

dong
zima

4.APRIL	11°	☀
5.APRIL	4°	🌧
6.APRIL	13°	🌧
7.APRIL	8°	❄
8.APRIL	10°	❄

tian qi yu bao

meteorološka prognoza

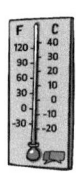

wen du ji

termometar

yang guang

sunčana svjetlost

yun

oblak

wu

magla

chao shi

vlažnost zraka

shan dian

munja

da lei

grmljavina

feng bao

oluja

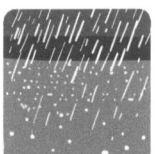

bing bao

tuča

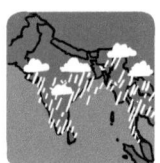

ji feng

monsun

hong shui

poplava

bing

led

yi yue

siječanj

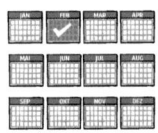

er yue

veljača

san yue

ožujak

si yue

travanj

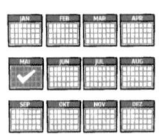

wu yue

svibanj

liu yue

lipanj

qi yue

srpanj

ba yue

kolovoz

nian - godina

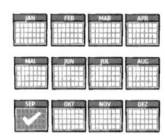

jiu yue
....
rujan

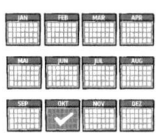

shi yue
....
listopad

shi yi yue
....
studeni

shi er yue
....
prosinac

yuan xing
....
krug

zheng fang xing
....
kvadrat

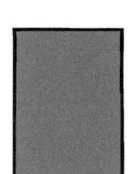

chang fang xing
....
pravokutnik

san jiao xing
....
trokut

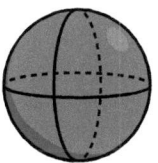

qiu ti
....
kugla

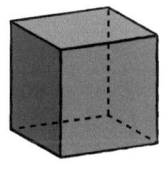

li fang ti
....
kocka

boje

bai
....
bijela

huang
....
žuta

cheng
....
narančasta

fen
....
ružičasta

hong
....
crvena

zi
....
ljubičasta

lan
....
plava

lü
....
zelena

zong
....
smeđa

hui
....
siva

hei
....
crna

hen duo/shao xu

mnogo / malo

sheng qi/ping jing

ljutito / mirno

mei/chou

lijepo / ružno

shou/wei

početak / kraj

da/xiao

veliko / maleno

ming/an

svijetlo / tamno

xiong di/jie mei

brat / sestra

gan jing/ang zang

čisto / prljavo

wan zheng/que shi

potpuno / nepotpuno

bai tian/wan shang

dan / noć

si/sheng

mrtvo / živo

kuan/zhai

široko / usko

ke shi yong/fei shi yong

jestivo / nejestivo

xie e/shan liang

zlo / dobro

xing fen/wu liao

uzbuđeno / dosadno

pang/shou

debelo / mršavo

di yi/zui hou

na početku / na kraju

peng you/di ren

prijatelj / neprijatelj

man/kong

puno / prazno

ying/ruan

tvrdo / mekano

zhong/qing

teško / lagano

e/ke

glad / žeđ

sheng bing/jian kang

bolesno / zdravo

fei fa/he fa

ilegalno / legalno

cong ming/yu ben

pametno / glupo

zuo/you

lijevo / desno

jin/yuan

blizu / daleko

xin/jiu

novo / rabljeno

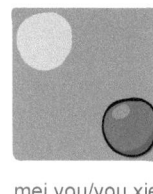

mei you/you xie

ništa / nešto

lao/you

staro / mlado

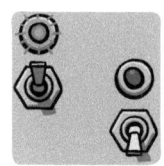

kai/guan

uključeno / isključeno

da kai/he shang

otvoreno / zatvoreno

an jing/chao nao

tiho / glasno

fu/qiong

bogato / siromašno

dui/cuo

točno / pogrešno

cu cao/guang hua

hrapavo / glatko

shang xin/gao xing

tužno / sretno

duan/chang

kratko / dugo

man/kuai

polako / brzo

shi/gan

mokro / suho

wen nuan/liang shuang

toplo / hladno

zhan zheng/he ping

rat / mir

0	**1**	**2**
ling	yi	er
nula	jedan	dva

3	**4**	**5**
san	si	wu
tri	četiri	pet

6	**7**	**8**
liu	qi	ba
šest	sedam	osam

9	**10**	**11**
jiu	shi	shi yi
devet	deset	jedanaest

12

shi er

dvanaest

13

shi san

trinaest

14

shi si

četrnaest

15

shi wu

petnaest

16

shi liu

šestnaest

17

shi qi

sedamnaest

18

shi ba

osamnaest

19

shi jiu

devetnaest

20

er shi

dvadeset

100

bai

stotinu

1.000

qian

tisuću

1.000.000

bai wan

milijun

ying yu

engleski

mei shi ying yu

američko engleski

pu tong hua

kinesko mandarinski

yin di yu

hindi

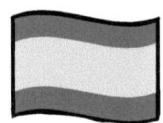

xi ban ya yu

španjolski

fa yu

francuski

a la bo yu

arapski

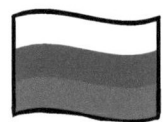

e yu

ruski

pu tao ya yu

portugalski

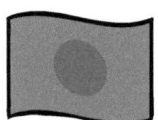

feng jia la yu

bengalski

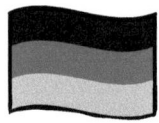

de yu

njemački

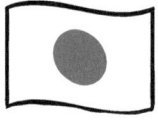

ri yu

japanski

wo

ja

ni

ti

ta/ta/ta

on / ona / ono

wo men

mi

ni men

vi

ta men

oni

shei?

tko?

shen me?

što?

zen yang?

kako?

na li?

gdje?

shen me shi hou?

kada?

ming zi

ime

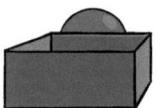

hou mian
....
iza

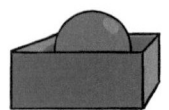

li mian
....
u

qian mian
....
ispred

shang fang
....
preko

shang mian
....
na

xia mian
....
ispod

pang bian
....
pored

zhong jian
....
između

di dian
....
mjesto